Esto es lo que quiero ser

Médico

Heather Miller

Traducción de Carlos Prieto

Heinemann Library
Chicago, Illinois

Customer Service 888-454-2279
Visit our website at www.heinemannlibrary.com

Designed by Sue Emerson, Heinemann Library
Printed and bound in the United States by Lake Book Manufacturing, Inc.

07 06 05 04 03
10 9 8 7 6 5 4 3 2 1

Library of Congress Cataloging-in-Publication Data
Miller, Heather.
  [Doctor Spanish]
  Médico / Heather Miller.
       p. cm. — (Esto es lo que quiero ser)
Includes index.
Summary: Explains the educational background, clothing, equipment, and various duties of a doctor.
  ISBN 1-40340-377-5 (HC), 1-40340-599-9 (Pbk)
  1. Medicine—Juvenile literature. 2. Physicians—Juvenile literature 3. Occupations—Juvenile literature. [1. Physicians—Juvenile literature. 2. Occupations. 3. Spanish language materials] I.Title.
  R130.5 .M535 2002
  610.69'52--dc21

                                                2002068601

Acknowledgments
The author and publishers are grateful to the following for permission to reproduce copyright material:
p. 4 Scott Barrow/International Stock; p. 5 Tom & Dee Ann McCarthy/Corbis Stock Market; p. 6 Jim Craigmyle/Masterfile; p. 7 John M. Greim/Mira.com; p. 8 Doug Martin/Photo Researchers, Inc.; p. 9 Joseph Netts/Stock Boston; pp. 10L, 21 David M. Grossman/Photo Researchers, Inc.; p. 10R Blair Seitz/Photo Researchers, Inc.; p. 11 Richard Hutchings/PhotoEdit; p. 12 Andersen Ross/PhotoDisc; p. 13 Jon Feingersh/Corbis Stock Market; p. 14 C. J. Collins/Photo Researchers, Inc.; p. 15 Ed Kashi/Corbis; p. 16 Mike Dobel/Masterfile; p. 17 Bernardo Bucci/Corbis Stock Market; p. 18L EyeWire Collection; p. 18R Will & Deni McIntyre/Photo Researchers, Inc.; p. 19 Gale Zucker/Stock Boston; p. 20 Pictor; p. 23 (row 1, L–R) Richard Hutchings/PhotoEdit, C Squared Studios/PhotoDisc, Corbis; p. 23 (row 2, L–R) Eric Fowke/PhotoEdit, EyeWire Collection, Comstock Images; p. 23 (row 3, L–R) Doug Martin/Photo Researchers, Inc., Jim Craigmyle/Masterfile, Gale Zucker/Stock Boston

Cover photograph by Scott Barrow/International Stock
Photo research by Scott Braut

Every effort has been made to contact copyright holders of any material reproduced in this book. Any omissions will be rectified in subsequent printings if notice is given to the publisher.

Special thanks to our bilingual advisory panel for their help in the preparation of this book:

Anita R. Constantino	Argentina Palacios	Ursula Sexton
Literacy Specialist	Docent	Researcher, WestEd
Irving Independent School District	Bronx Zoo	San Ramon, CA
Irving, Texas	New York, NY	
Aurora García Colón	Leah Radinsky	
Literacy Specialist	Bilingual Teacher	
Northside Independent School District	Inter-American Magnet School	
San Antonio, TX	Chicago, IL	

The publisher would also like to thank Drs. Trina Chapman-Smith and Mark McHaney for their review of this book.

Unas palabras están en negrita, **así.**
Las encontrarás en el glosario en fotos de la página 23.

Contenido

¿Qué hacen los médicos?

Los médicos nos cuidan la salud.

Nos ayudan cuando estamos enfermos o heridos.

Los médicos nos enseñan cómo
cuidar la salud.

¿Cómo es el día de un médico?

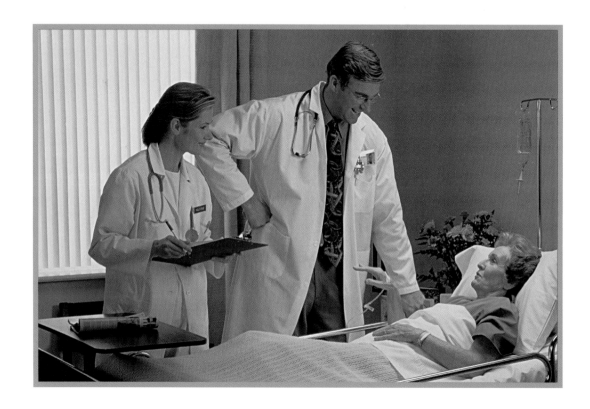

Los médicos visitan a los **pacientes.**

Dan **medicinas** a los enfermos.

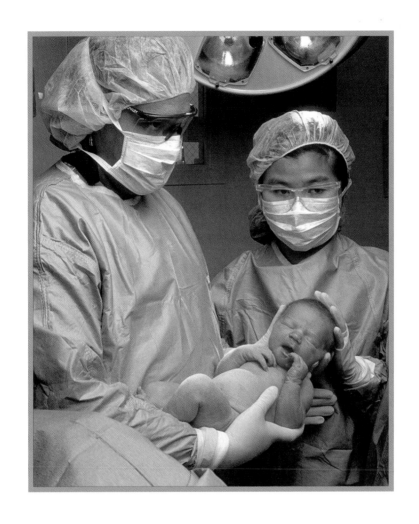

Los médicos ayudan cuando nacen los bebés.

Los cuidan para que sean sanos.

¿Qué equipo usan los médicos?

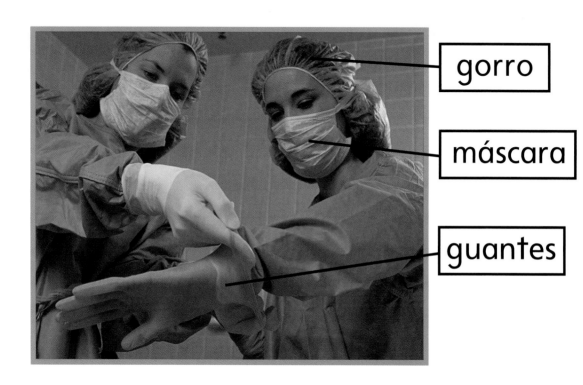

gorro

máscara

guantes

Los médicos a veces usan **batas de cirugía**.

Se ponen guantes, gorro y **máscara** para no regar microbios.

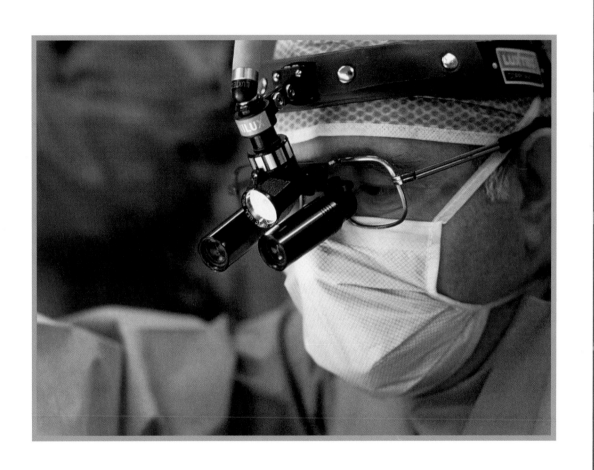

A veces se ponen una luz
en la cabeza.

Así ven y trabajan mejor.

¿Qué herramientas usan los médicos?

estetoscopio

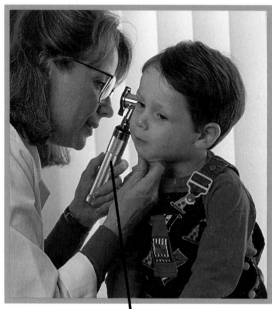

otoscopio

Los médicos oyen el corazón con un **estetoscopio**.

Miran dentro de los oídos con un **otoscopio**.

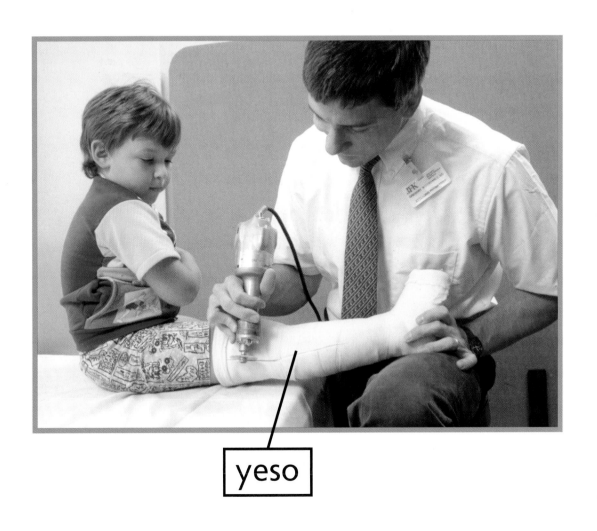

yeso

Cortan los **yesos** con una
sierra especial.

¿Dónde trabajan los médicos?

Unos médicos trabajan en **hospitales.**

Muchos médicos tienen su propio consultorio.

Unos médicos trabajan en casas de ancianos.

¿Trabajan en otras partes?

Los médicos a veces trabajan en otros países.

Ayudan a la gente de otras partes.

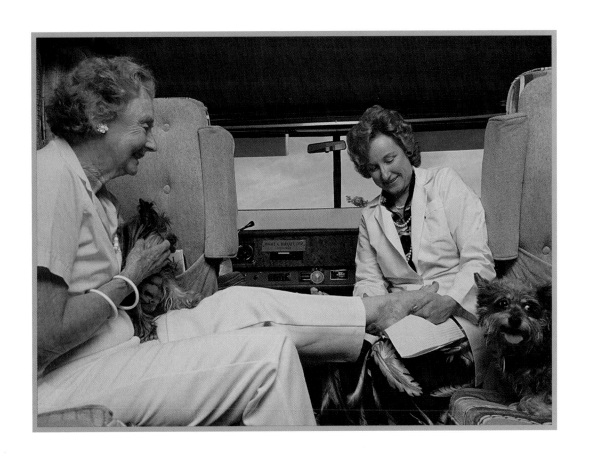

Unos médicos van de un lado
a otro en camionetas especiales.

Atienden a los enfermos en
la camioneta.

¿Cuándo trabajan los médicos?

Los médicos trabajan siempre que los necesitamos.

Trabajan por la noche cuando los demás duermen.

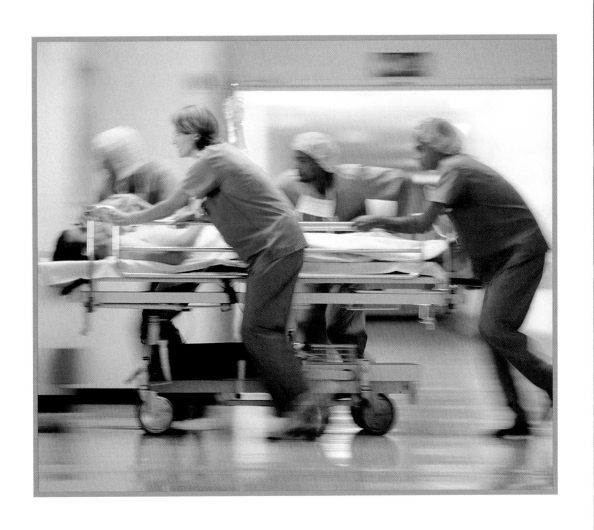

A veces una persona necesita ayuda
muy rápido.

Los médicos siempre tienen que
estar listos.

¿Qué clases de médicos hay?

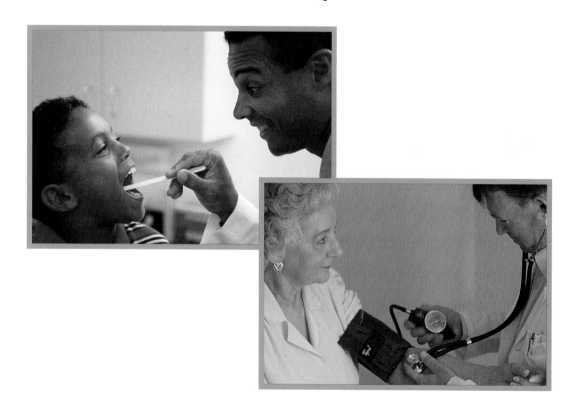

Unos médicos trabajan con niños.

Otros trabajan con gente mayor.

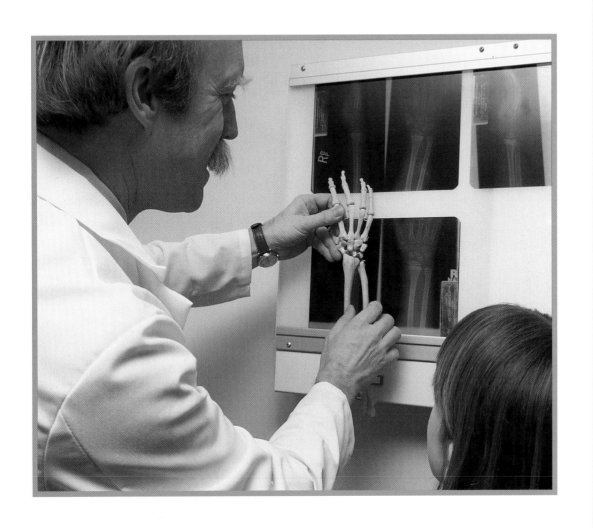

Unos médicos miran **radiografías**.

Componen fracturas de huesos.

¿Cómo aprenden los médicos?

Los médicos estudian en una escuela de medicina.

Estudian cómo funciona el cuerpo.

Además, los médicos aprenden trabajando en **hospitales.**

Prueba

¿Recuerdas cómo se llaman estas cosas?

Busca las respuestas en la página 24.

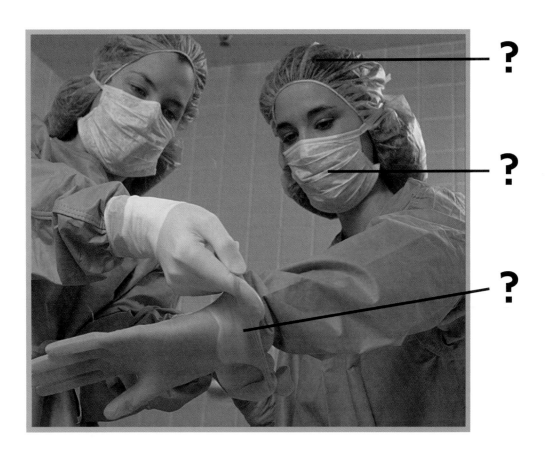

?

?

?

Glosario en fotos

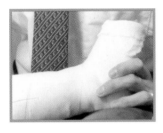

yeso
página 11

medicinas
páginas 6

bata de cirugía
página 8

hospital
páginas 12, 21

otoscopio
página 10

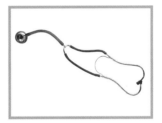

estetoscopio
página 10

máscara
página 8

paciente
página 6

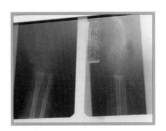

radiografías
página 19

Nota a padres y maestros

Leer para buscar información es un aspecto importante del desarrollo de la lectoescritura. El aprendizaje empieza con una pregunta. Si usted alienta a los niños a hacerse preguntas sobre el mundo que los rodea, los ayudará a verse como investigadores. Cada capítulo de este libro empieza con una pregunta. Lean la pregunta juntos, miren las fotos y traten de contestar la pregunta. Después, lean y comprueben si sus predicciones son correctas. Piensen en otras preguntas sobre el tema y comenten dónde pueden buscar la respuesta. Ayude a los niños a usar el glosario en fotos y el índice para practicar nuevas destrezas de vocabulario y de investigación.

Índice

Respuestas de la página 22

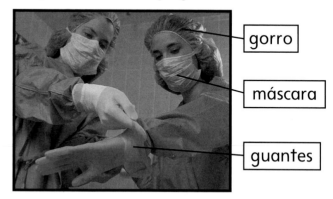

gorro

máscara

guantes

24